¡FIESTA!

¡FIESTA!

CINCO DE MAYO

Días de fiesta

por June Behrens

Fotografías por Scott Taylor
Traductora: Lada Josefa Kratky
Consultante: Dr. Orlando Martinez-Miller

Libro Juvenil Puerta de Oro

CHILDRENS PRESS ®

CHICAGO

PARA EDWARD STANLEY

RECONOCIMIENTO

La autora desea agradecer a Mario Valdez, Calle Olvera, Los
Angeles, por su ayuda en el desarrollo de este manuscrito.

Library of Congress Cataloging-in-Publication Data

Behrens, June.
  ¡Fiesta!

  (Días de fiesta)
  "Libro Juvenil Puerta de Oro"
  Traducción de: Fiesta!
  Resumen: Descripción de la conmemoración de la victoria del
ejército mexicano sobre el ejército francés el 5 de mayo de
1862, victoria que señaló el fin de las incursiones europeas en
la América del Norte.
  1. Cinco de Mayo (Día de fiesta mexicano) —Literatura
juvenil. 2. Cinco de Mayo, batalla de, 1862—Literatura
juvenil. [1. Cinco de Mayo (Día de fiesta mexicano) 2. Días
de fiesta] I. Taylor, Scott, il. II. Título.
F1233.B39 1978   394.2'684'72   78-8468
ISBN 0-516-38815-0   Library Bound
ISBN 0-516-58815-X   Paperbound

¡FIESTA!

Oímos música, música por todas partes.
Cantamos y bailamos y comemos y
 jugamos.
La fiesta en nuestro parque es
 como una gran celebración
¡Bienvenidos a la fiesta!

Mucha gente viste hermosos y
coloridos trajes mexicanos.
Mira los sombreros que llevan
José y sus amigos.
El sombrero mexicano tiene alas
muy anchas.
Es casi tan grande como Joseíto.

Esta es una fiesta del Cinco de
    Mayo.
Significa que la fiesta cae el cinco
    de mayo.
El cinco de mayo es un alegre día
    festivo, y es un día muy
    especial para los
    méxico-americanos.
Es un día importante para toda la
    la gente de América.

El cinco de mayo de 1862, hubo
    una gran batalla en el pueblo
    de Puebla, en México.
En una batalla con el ejército
    francés, el pobre y mal
    equipado ejército mexicano
    ganó una gran victoria.

La victoria ayudó a expulsar a los
    extranjeros de la América del
    Norte.
Desde entonces, ningún poder
    extranjero ha invadido la
    América del Norte.
El cinco de mayo de cada año la
    gente celebra la victoria del
    Cinco de Mayo.

En el gran escenario al aire libre
de nuestro parque, bailarinas
con faldas de sayas fruncidas
aplauden.
La música es rápida y
emocionante.
Las bailarinas taconean y dan
vueltas.
Nosotros nos sentamos en una
ladera y observamos el
espectáculo.

Los músicos caminan por el
    parque.
Tocan guitarras, violines y
    trompetas.
Se llaman mariachis.
Cuando cantan, dan un alegre
    grito.
¡Ay...ay...ayyyy!

Hay ricos olores por todas partes.

Las madres y los padres hacen
     tortillas en los puestos de
     comida.

Las tortillas son delgadas y
     planas.

Papá dobla la tortilla por la mitad
     y la llena de frijoles, lechuga
     y tomates.

A veces le añade salsa picante,
     también.

En el escenario, pequeñas
   señoritas con sus compañeros
   bailan para nosotros.
Los mariachis tocan.
Todos aplauden y cantan la alegre
   canción.

En la escuela todos participan en
la fiesta del Cinco de Mayo.
Decoramos nuestra escuela con los
colores de la bandera
mexicana—verde, rojo y
blanco.
Colgamos la bandera afuera.

Tenemos competencias y juegos
del Cinco de Mayo.
¡La más divertida de todas es la
competencia de quién come
más tacos!

Decoramos nuestros puestos para
la fiesta con flores de papel
tisú mexicanas.

Nos turnamos jugando con
juguetes y juegos mexicanos.

Hasta cavamos en busca de
tesoros arqueológicos
mexicanos.

Hacemos tortillas de harina.
Mezclamos la harina, la sal y el
    polvo de hornear.
Luego le añadimos aceite y agua.
Hacemos pequeñas bolas de masa
    y las aplanamos.
Luego las cocemos en una cazuela.
¡Deliciosas!

Los padres y las madres vienen a
     ver nuestros programas del
     Cinco de Mayo.
Cantamos canciones mexicanas y
     hacemos bailes especiales.
A nuestras madres y a nuestros
     padres les gustan los
     hermosos murales mexicanos
     que hemos pintado.

Todo el día y hasta al anochecer
   celebramos el Cinco de Mayo.
Por la noche, lo celebramos con
   una piñata.
La piñata es una olla de barro
   decorada con brillante y
   colorido papel tisú.
Las piñatas se hacen de muchas
   formas y tamaños.
Nuestra piñata es una estrella
   gigantesca.
¡Está llena de dulces!

La piñata se cuelga de una soga
    por encima de las cabezas de
    los niños y de las niñas.
A José le vendan los ojos y le dan
    un palo.
José trata de pegarle una y otra
    vez a la piñata que cuelga.
Por fin le pega.
Los dulces vuelan por todas partes
    y se desparraman por el suelo.
Todos se alborotan por un dulce.

La fiesta del Cinco de Mayo se ha
     acabado.
Se volverá a celebrar el próximo
     año.
Nuestros amigos méxico-
     americanos nos han enseñado
     canciones y juegos.
Nos han enseñado bailes y
     palabras en español.
Todos han sido buenos amigos este
     Cinco de Mayo.

¡Viva la fiesta!

El cinco de mayo de cada año, los méxico-americanos en todo nuestro país celebran su más grande fiesta nacional, la del *Cinco de Mayo*. Puesto que fue el 5 de mayo de 1862 en el pueblo de Puebla, en México, que el mal equipado y pequeño ejército mexicano derrotó a las fuerzas francesas superiores y explusó a un poder extranjero de este continente. Este día de fiesta es importante para todos los americanos porque, desde entonces, ninguna nación extranjera ha osado invadir estas costas. Escrito para lectores de los grados primarios y profusamente ilustrado con fotografías a colores, *¡Fiesta!* cautiva el espíritu de todas las celebraciones del *Cinco de Mayo*. Vemos las celebraciones en un parque donde tanto los jóvenes como los viejos escuchan la música de los mariachis y observan a las bailarinas que, ricamente vestidas, ejecutan bailes tradicionales mexicanos. Visitamos una escuela donde todos los niños toman parte en las actividades del *Cinco de Mayo*—tales como la competencia en la que se comen tacos y rompen la piñata. *¡Fiesta!* provee una rica experiencia de lectura al darle vida a un día de fiesta que debe ser conocido y respetado por todos los niños.

JUNE BEHRENS tiene un rico fondo de experiencia que le ayuda a cumplir con las necesidades de lectura de los niños de la edad primaria. Por muchos años fue especialista en el campo de lectura en uno de los sistemas públicos escolares más grandes de California. También ha trabajado en un gran número de programas escolares bilingües y se ha dedicado extensivamente a los estudios graduados de historia mexico-americana. Nacida en California, la Sra. Behrens se graduó de la Universidad de California de Santa Bárbara y obtuvo su maestría en la Universidad del Sur de California. Tiene también una credencial para la Educación de Edad Temprana. Es autora de muchos libros para niños jóvenes, cuya materia se extiende desde la historia colonial hasta la biografía contemporánea. Vive con su esposo en Redondo Beach, cerca de Los Angeles.